跆拳道

运动入门教程

精编视频学习版

李照艺 编著

U0740688

人民邮电出版社

北京

图书在版编目（CIP）数据

跆拳道运动入门教程：精编视频学习版 / 李照艺编
著. -- 北京：人民邮电出版社，2024.4
ISBN 978-7-115-62416-1

Ⅰ．①跆… Ⅱ．①李… Ⅲ．①跆拳道—教材 Ⅳ．
①G886.9

中国国家版本馆CIP数据核字(2023)第143239号

内 容 提 要

本书是跆拳道世界杯女子团体冠军李照艺为跆拳道初学者编写的入门用书。

本书共 4 章，第 1 章介绍了跆拳道的基础知识，包括跆拳道的历史与发展、特点与
作用、装备与级别和基本礼仪；第 2 章讲解了跆拳道的基本姿势与动作技术；第 3 章
进一步讲解了跆拳道的组合腿法与太极品势；第 4 章简要介绍了跆拳道的竞赛规则。
本书的动作技术讲解均采用高清连拍图与细致文字说明相结合的方式，使读者能够轻松
理解、快速掌握。与此同时，本书提供了免费的在线观看视频，助力读者进一步提高学
习效率。

◆ 编　著　李照艺
　　责任编辑　刘日红
　　责任印制　彭志环

◆ 人民邮电出版社出版发行　　北京市丰台区成寿寺路 11 号
　　邮编　100164　电子邮件　315@ptpress.com.cn
　　网址　https://www.ptpress.com.cn
　　涿州市般润文化传播有限公司印刷

◆ 开本：700×1000　1/16
　　印张：9.5　　　　　　　　　　　2024 年 4 月第 1 版
　　字数：197 千字　　　　　　　　2025 年 9 月河北第 3 次印刷

定价：39.80 元

读者服务热线：(010)81055296　印装质量热线：(010)81055316
反盗版热线：(010)81055315

作者简介

李照艺

跆拳道世界杯女子团体冠军

世界军人跆拳道锦标赛冠军

李照艺从小就展现出了过人的运动天赋，自 13 岁起开始练习跆拳道，16 岁就进入了国家跆拳道队，并逐渐在国内外大赛中崭露头角。2009 年，李照艺获得亚洲青年锦标赛冠军；2011 年，李照艺获得世界跆拳道锦标赛亚军（46kg）；2012 年，李照艺获得跆拳道世界杯女子团体冠军（49kg）；2013 年，李照艺获得第十二届全运会跆拳道冠军（49kg）与女子创新技术奖；2014 年，李照艺获得仁川亚运会跆拳道亚军（49kg）；2015 年，李照艺获得跆拳道世界杯女子团体冠军（49kg）；2018 年，李照艺获得世界军人跆拳道锦标赛冠军。退役后，为了进一步提升个人能力，李照艺在北京体育大学学习并获得了硕士学位，并于 2021 年就职于北大附中新馨学校，教授跆拳道课程，努力为体育事业的发展贡献自己的力量。

目录

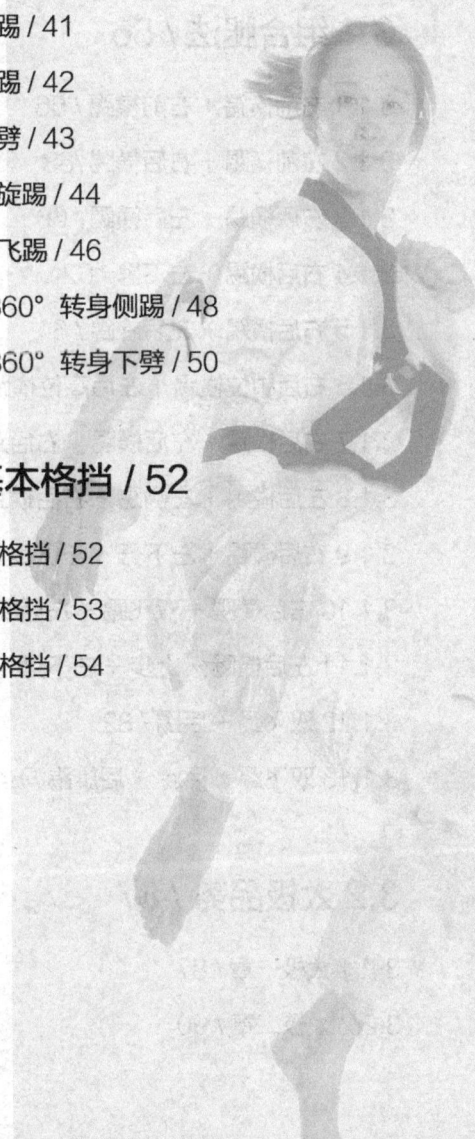

第①章

跆拳道的基础知识

- 历史与发展
- 特点与作用
- 装备与级别
- 基本礼仪

1.1 历史与发展

　　练习跆拳道之前，我们应对跆拳道的起源有一些了解，这样可以帮助我们更快地进入学习状态。那么跆拳道这项格斗技是怎样形成与发展的呢？

现代跆拳道运动的发展

　　1966 年，国际跆拳道联盟（ITF）成立。

　　1973 年 5 月，世界跆拳道联盟（WTF）在韩国汉城（2005 年起更名为"首尔"）成立。

　　1980 年，国际奥委会正式承认了世界跆拳道联盟（简称世跆联），跆拳道运动在之后的 20 多年里得到了迅速的发展。

　　在 2000 年的悉尼奥运会上，跆拳道被列为正式比赛项目，设男女各 4 个级别的比赛。在世界锦标赛和亚运会及亚洲锦标赛中，跆拳道共设男女各 8 个级别的比赛。

中国跆拳道运动的发展

　　中国于 1992 年成立中国跆拳道协会筹备小组。1995 年，中国跆拳道协会正式成立，并组建了国家集训队，首次参加世界跆拳道锦标赛，赛后中国跆拳道协会被世跆联接纳为正式会员。同年，在北京体育大学举行了第 1 届全国跆拳道锦标赛，此后，跆拳道项目在中国迅速普及。

1.2 特点与作用

跆拳道作为一种强身健体的运动，已经被许多人接受和学习。我们在学习跆拳道时，除了摆正学习态度外，还要了解跆拳道的特点及作用。这些都是我们在正式练习之前要了解的基础内容。

1.2.1 特点

1. 双腿为主，双手为辅，主要关节"武器化"

在跆拳道技法中，在身体各部分的使用中腿的使用占有较大比例，因为在人的身体中，攻击距离最远和攻击力度最大的部位就是腿部，所以腿占有主导地位。首先是腿法，在腿法中，无论是高低、远近、方向、攻击力还是灵活度，都有很多种，是在实战中攻击对手并得分的有效方法。其次是手法，手臂可以进行防御和攻击，可以自由控制，具有较高的灵活性。我们也可以使用拳头、手掌、肘部和肩部等多个部位进行实战。在跆拳道比赛以外的实战中，人体的手部、肘部、脚部等部位可以作为武器进行攻击或者作为盾牌进行防御。

2. 以刚克刚，注重呼吸，发声扬威，方式简洁

在跆拳道练习中，练习者经常用铿锵有力的声音来表现自身的力量，在气势上给人一种威严感。发声时停止呼吸可以让动作更加迅速，精神更加集中，也会让身体内部的阻力降低，使动作发挥更大的力量。

3. 内外兼修，方式独特，用功力测试技能水平

跆拳道的理论认为，通过特殊的练习，人体的关节部位可以产生难以想象的力量。主要部位有手部、肘部、膝盖和脚部这 4 个部位，其中脚部和手部尤为重要。我们无法确定人体关节"武器化"的威力有多大，只能通过攻击木板和砖块等物体来检测练习者的水平。功能检测体现了跆拳道的独特技能和特点，是跆拳道练习、升级考试、表演和比赛的重要组成部分。

跆拳道的基本姿势与动作技术

跆拳道的组合动作技术与太极品势

跆拳道的竞赛规则

1.2.2 作用

1. 修身养性：跆拳道可以培养练习者优秀的意志品质

"以礼始，以礼终"是跆拳道练习倡导的尚武精神。练习者在练习中要以"礼义、廉耻、忍耐、克己、百折不屈"为准则，从而培养顽强、果断和勤奋的精神，磨炼毅力，提高素质。

2. 强体防身：跆拳道可以帮助练习者练就强健的体魄

跆拳道是对抗性非常强的运动，可以加强人体每个关节的灵活性和肌肉的伸屈能力，提升人体的力量、速度、灵敏性和耐力，增强人体的击打和抗击打能力。

3. 观赏竞技：享受对抗的美感

在跆拳道比赛或实战中，双方不仅要充分发挥智慧，还要通过高超的技巧展示跆拳道技术动作的优势。特别是以各种跆拳道变化和人体特征为基础的腿部技术，可以在对峙中将这项运动的美感表现得淋漓尽致。

1.3 装备与级别

1.3.1 装备

道服

道服是跆拳道练习者在跆拳道训练或比赛期间所穿的服装。道服不同于其他日常服装，需要具有一定程度的抗拉扯、不易变形和快速吸湿排汗的功能，因此国际标准的跆拳道面料均采用非全棉面料。织物中含有聚酯纤维，并且经过专业上浆处理制成。

跆拳道是一项严谨而规范的运动。在比赛中，跆拳道的穿着要求非常严格，道服过于宽松或过紧都会影响技术动作的发挥，因此道服最好合身。现在市面上跆拳道的道服，根据尺寸分为儿童款和成人款，根据用途分为普通道服、表演用道服和教练用道服等。

道带

跆拳道的道带系在腰部，主要用来固定衣服，防止衣服下摆来回摆动。跆拳道的道带有着不同的颜色，不同的颜色代表了练习者不同的水平。

细节展示

道带材质较硬，系在腰部时更加稳固，面料透气排汗。

护具

在跆拳道运动中，为了提高安全性，商家还提供了各种专业的、具有防护功能的护具，以保护练习者。

头盔

在跆拳道训练或者比赛中练习者需要佩戴头盔，以避免头部被击中受伤。

护胸

护胸主要保护肋骨部分，防止在跆拳道运动中，因对手用力过大踢到胸部而受伤。

护裆

跆拳道比赛中，护裆是保护下半身的重要护具，避免被对手踢到裆部而受伤。

护手

护手对手部的防护有一定的帮助。当练习者在比赛时，若张开的手部被踢中，很容易受伤，甚至骨折。戴上护手能帮助练习者有效防止手部受伤。

护脚

护脚的作用是保护脚与脚踝。为了保持脚部的舒适卫生，护脚一般设有增加透气性的气孔。它最大的作用是在保护脚的同时，还可以通过里面的电子感应器，在踢中对手护具时进行感应并自动计算得分。

护腿和护臂

在跆拳道训练中，因为动作的激烈性，很多时候会出现受伤的情况，所以练习者戴上护腿和护臂能有效防止双臂和双腿受伤。

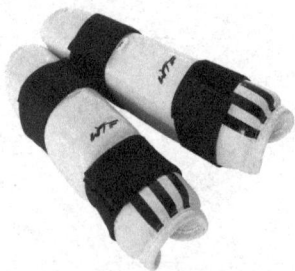

1.3.2 级别

练习者的腰带的颜色代表着练习者的水平，从低到高依次为白带（10级）、白黄带（9级）、黄带（8级）、黄绿带（7级）、绿带（6级）、绿蓝带（5级）、

蓝带（4级）、蓝红带（3级）、红带（2级）、红黑带（1级或一品、二品、三品）、黑带（一段至九段）。

级位

级位分为10级至1级。其中10级为最初级，是初学者的级位，用表示空白的白色腰带表示。随着练习者水平提高，可按照9级、8级、7级的顺序进阶，直至1级。1级之后，即可升入段位。

段位

段位分为一段至九段，以黑色腰带表示。其中一段到三段为黑带新手，四段到六段为高水平段位，七段到九段只授予具有很高研究造诣及做出突出贡献的人，也是荣誉的段位名称。

品位

品位分为一品至三品。如果15周岁以下的未成年练习者达到了一段至三段的水平，会给予相对应的品位。未成年的选手最高可考到三品，在该选手成年后自动升为同级别段位。

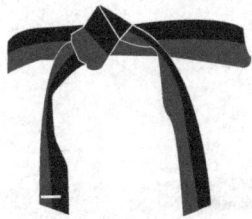

一品

二品

三品

1.4 基本礼仪

敬礼能表现出尊敬、友善、礼貌和谦虚的态度，是运动员在比赛之前表示相互尊敬的礼节。

1.4.1 敬礼姿势

敬礼姿势：首先与对手面对面站好，双脚并拢，双手自然贴在身体两侧，然后向前弯曲头部和躯干，鞠躬敬礼。

> **鞠躬细节**
>
> 双腿并拢，头部和躯干一起向前弯曲。

其他角度

1.4.2 注目礼姿势

在进入道场时，练习者要面对国旗行注目礼，注目礼表达了练习者对祖国的热爱。

注目礼姿势：首先背对着国旗将衣服整理好，然后转身面向国旗，身体直立，双脚并拢；接着将右手五指并拢放在左胸部 5 秒，双眼注视国旗。

注意右手五指并拢呈掌状放在左胸位置

其他角度

跆拳道的基础知识
跆拳道的基本姿势与动作技术
跆拳道的组合动作技术与太极品势
跆拳道的竞赛规则

1.4.3 盘腿坐姿

正确的盘腿是练习者具备良好礼节的表现之一，也反映了练习者具备良好的素质。该动作要求练习者上身保持直立，目视前方，双腿交叉盘坐在地面上，双手自然放在膝盖上，姿势端正。

盘腿坐姿：双脚交叉，左脚在前面，右脚在后面，坐在地面上，上身挺直收腹，双手呈掌状自然放在膝盖上，双臂屈肘内收，双眼自然平视前方。

其他角度

1.4.4 跪坐姿势

在跆拳道中，跪坐也是一种重要的礼节。一般来说，当教练讲话时，练习者需要跪坐下来，注视教练并仔细听，不得随意打断教练的讲话。

跪坐姿势：上身直立，挺胸抬头，双腿靠紧，臀部坐在脚上，双臂屈肘，双手握拳且放于大腿上，目视前方。

其他角度

第②章

跆拳道的基本姿势
与动作技术

- 基本站姿
- 基本拳法
- 基本掌法
- 基本肘法
- 基本膝法
- 基本步型与步法
- 基本腿法
- 基本格挡

2.1 基本站姿

　　具有出色攻击性的技术动作，主要是依靠正确的站姿来实现的，这是因为站姿是每个跆拳道动作的起始点。

2.1.1 左势

　　左势是左脚在前的基本站姿。

1

2

| ⊙ 步骤 | 其他角度 |

① 身体直立，双手五指并拢并自然下垂放于身体两侧，双脚并拢。

② 右脚后撤一步，脚尖朝右，身体呈侧身站姿。同时双手握拳上举，左拳在前，右拳在后，双眼目视前方。

2.1.2 右势

在比赛中，保护自己易受伤的部位并灵活地攻击对手是很有必要的。正确的基本站姿是能够灵活运用跆拳道技术动作的基础。与左势相反，右势是右脚在前的基本站姿。

其他角度

⊙ 步骤

① 身体直立，双手五指并拢并自然下垂放于身体两侧，双脚并拢。

② 左脚后撤一步，脚尖朝左，身体呈侧身站姿。同时双手握拳上举，右拳在前，左拳在后，双眼目视前方。

2.2 基本拳法

在跆拳道的实战中，拳法是最基本、最重要的技术。

2.2.1 正拳

在跆拳道实战中，所使用的直拳或冲拳都是正拳，其特征是拳心朝下，拳背和手腕呈一条直线。

正拳：五指紧握，快速向前出拳；手臂伸直，将力量集中在拳面上。

知识点

注意拳心向下，拳锋向前，发力果断，着力点应在拳面。

左拳收于腰际，拳心朝上

右臂向前伸直，使手臂与肩膀平行；右手握拳，拳心朝下

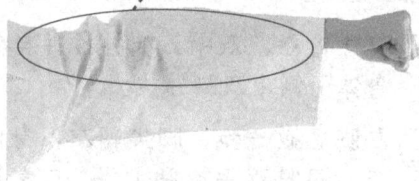

其他角度

2.2.2 左冲拳

在跆拳道比赛中，冲拳是唯一可以使用的手部技术，而且只能攻击对手的躯干部位。

1

2

⊙ 步骤

其他角度

① 双脚分开，间距略比肩宽，双臂屈肘，双手握拳放于腰部。

② 左拳向前快速出拳，手臂伸直，拳心向下。

2.2.3 右冲拳

不论是练习还是比赛，训练者都应做到出拳快速而有力。

1

2

左臂屈肘，左手
握拳，拳心朝上，
放于腰部左侧

⊙ 步骤

其他角度

① 双脚分开，间距略比肩宽，双臂屈肘，
双手握拳放于腰部。

② 右拳向前快速出拳，手臂伸直，拳心
向下。

2.3 基本掌法

跆拳道的掌法在实战中非常重要，练习者通过熟练使用掌法和进行力量训练，可以在进攻与防守之间自由切换。掌法的每一个动作都有不同的特征，因此了解基本掌法是跆拳道实战的重要基础。本节就为大家介绍一些基本掌法。

2.3.1 掌

在跆拳道实战中，掌一般用于进攻和防御。

掌：将手掌打开，拇指以外的四指伸直并拢，拇指向内弯曲夹紧。在攻击时，拇指保持不动，以使力量发挥稳定。

拇指向内弯曲夹紧，避免手指挫伤

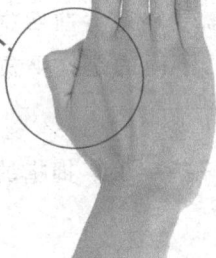

四指向上伸直并拢

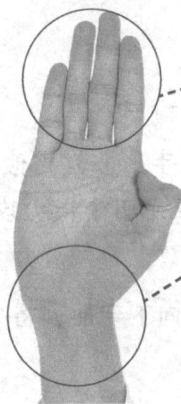

手腕应与手掌呈直线

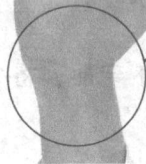

2.3.2 手刀

手刀也被称为空手刀，主要的攻击部位是整个手掌的外侧面。手刀对人体几个部位的攻击力度相当大。除了攻击，手刀还可用于防御。

手刀：弯曲四根并拢的手指，拇指始终向内弯曲夹紧。

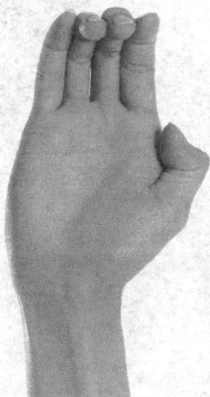

2.3.3 立贯指

立贯指的手型非常类似于手刀。不同的是立贯指讲究使用手指尖进行攻击，即无论使用何种方法，指尖都应该像枪尖一样锋利。

立贯指：四指并拢微微弯曲，尽量使长度相等。手掌直立，将力量集中在指尖上，以防止手指受伤。

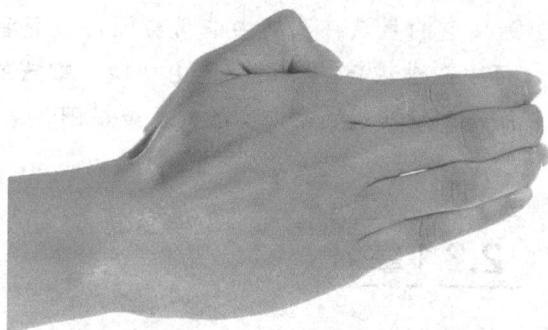

2.3.4 平贯指

平贯指与立贯指的手形非常相似，同样需要略微弯曲四根手指，使其长度大致相同，而且也主要用四个指尖攻击目标。不同的是，平贯指的掌心向下，手掌平行于地面。

平贯指：四根手指向下弯曲，将力量集中在指尖上。拇指的第1指节靠紧食指并向内弯曲。

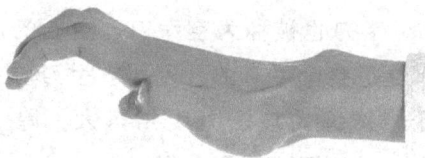

2.3.5 贯手

贯手的手型与手刀大致相同，不同之处在于用手指攻击。将四指尽量保持一样的长度，力量集中在四指的指尖上，这样可以使力量更加集中，方便实战，并防止手指受伤。

贯手：将四根手指并拢微屈，力量集中在指尖上。拇指的第 1 指节向下弯曲置于虎口处并紧靠食指，手腕和手掌呈一条直线。

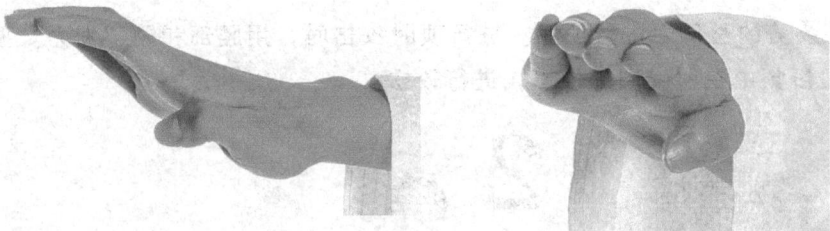

2.3.6 背刀

背刀的手型与手刀非常相似，不一样的是从拇指向内的弯曲程度上看，背刀比手刀要大。招式易攻易守，与手刀一致。

背刀：四指并拢，向下微屈。拇指的第 1 指节向下弯曲置于虎口处并紧靠食指，手腕和手掌呈一条直线。背刀的主要攻击部位是以食指第 3 指节为中心的侧面。

2.3.7 二指贯手

二指贯手的着力点在食指和中指的前端位置。

二指贯手：拇指放在无名指上，食指和中指打开。此动作与中国武术里的二指禅一样。

2.4 基本肘法

由于肘部坚硬有力，速度敏捷，因此当近身格斗时攻击力大，会让对手感到毫无准备，甚至有"肘部就像刀"的说法。但需要注意的是，在竞技跆拳道中，运动员不能使用肘部攻击对手，因此肘法多见于跆拳道品势训练。

2.4.1 顶肘

在格斗姿势的基础上进行顶肘。进行顶肘攻击时，用腰部和髋部发力。握紧拳头，使力量集中在肘尖向外顶出，进行攻击。

1  ▶ **2**

知识点

顶肘无论击中与否，都应迅速将手臂收回，以便防守或发起下一次进攻。

⊙ 步骤   其他角度

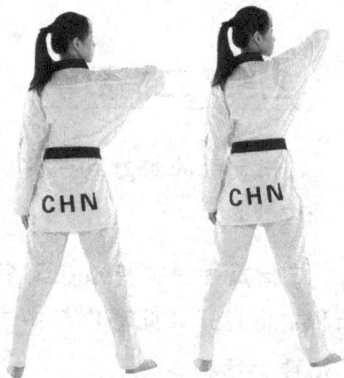

① 双脚分开，间距与肩同宽，呈侧身站立姿势。左臂自然下垂，右臂屈肘握拳向上抬起，与肩同高。

② 重心前移，肘尖迅速向外顶出，以进行攻击。

2.4.2 扫肘

扫肘一般旨在攻击对手脸部或肋骨位置。当用右肘攻击时，抬起手臂并弯曲肘关节，使上臂与躯干呈90°，接着向左转体，并用右肘沿弧线向左攻击。

⊙ 步骤　　　　　　　　　　　　　其他角度

① 双脚并拢站立，双臂自然下垂。

② 右腿向前一步，同时水平抬起右臂，弯曲肘关节。

③ 扭转身体，将右肘向左沿弧线攻击。

2.4.3 砸肘

砸肘通常用于攻击对手头部和腿等部位，攻击力巨大。在使用砸肘进攻时，将身体向侧面转体，右脚向目标位置迈步，同时右臂向上抬起，弯曲肘部，然后用肘尖从上往下攻击目标。

1 **2** **3**

◉ 步骤　　　　　　　　　　　其他角度

① 双脚并拢站立，双臂自然下垂。

② 右腿向前一步，同时垂直抬起右臂，弯曲肘关节。

③ 用肘尖从上向下击打目标。

2.4.4 挑肘

在用挑肘攻击时，应用力上扬肘部，攻击对手下颌部位。挑肘的运动方向与砸肘相反，即在练习时，用肘部从下往上攻击目标。总之，挑肘也是一种攻击力很强的肘法。

⊙ 步骤　　　　　　　　　　　其他角度

① 双脚并拢站立，双臂自然下垂。

② 右腿向前一步，同时垂直抬起右臂，弯曲肘关节。

③ 用肘尖由下而上击打目标。

2.5 基本膝法

膝法是跆拳道中的基本技能。在近距离格斗中，如果被对手用膝部击中，将受到较大伤害。不管是用作进攻、防御还是反击，正确地运用膝法都具有很大的威力。

2.5.1 正顶膝

正顶膝主要用于近距离攻击，一般是以膝盖顶部从正面进攻对手的要害部位。

◎ 步骤 其他角度

① 左脚在前，右脚在后，双臂屈肘，双手握拳置于胸前。

② 双臂向上抬起，同时稍稍转体，使双脚脚尖朝前。

③ 身体微微向后倾斜，右腿屈膝并迅速向上抬起，同时双臂下拉至大腿两侧。

2.5.2 侧顶膝

侧顶膝在跆拳道中是很常见的，一般用于进攻对手的腹、肋、下颌等部位。侧顶膝是将小腿屈膝上抬，用膝盖顶部从侧面斜向进行攻击。

1　**2**　**3**

⊙ 步骤　　　　　　　　其他角度

① 左脚在前，右脚在后，双臂屈肘，双手握拳置于胸前。

② 右腿向上抬起，同时躯干向右扭转，双臂向右摆动。

③ 身体微微向后倾斜，将右腿向身体左侧迅速抬起，用膝盖进行攻击。

2.6 基本步型与步法

跆拳道的技术大部分偏重对双腿的训练，毕竟跆拳道主要讲究以下肢进行攻击，而基本步型和步法是双腿技术的重要组成部分，因此应牢牢掌握。

2.6.1 开立步

开立步也是进行跆拳道练习前的预备姿势之一，属于较为简单的步法，也称"自然立"，指的是平常自然站立的姿势。

开立步：双脚分开站立，间距与肩同宽，双臂于体前伸直，双手握拳且拳心朝内，双眼目视前方，躯干直立，挺胸收腹。

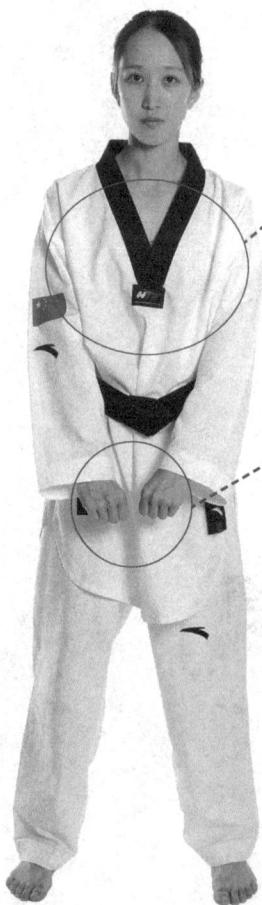

上身保持直立,挺胸抬头，双眼目视前方

双手握拳，拳心朝内，拳背朝前

其他角度

2.6.2 马步

马步是最为基础且常用的步法，可以增强下肢的力量及稳定性。由于其动作与骑马的姿势相似，因此也被称为"骑马站"。

马步：双脚分开站立，间距与肩同宽，双腿屈膝下蹲，重心落于双脚之间。上身直立，稍前倾，两肩保持平行且稍向后张，双眼目视前方，双臂屈肘，双手握拳置于腰部两侧。

双臂屈肘，双手握拳放于腰部两侧，拳心向上，拳背朝下

其他角度

2.6.3 单脚立

拥有良好的平衡能力是在学习跆拳道前应具备的先决条件。单脚立作为一种跆拳道基本步型，同时还是一种可提高平衡能力的练习。

单脚立：上身直立，右脚支撑，左腿抬起，右腿伸直且保持平稳，双臂屈肘，双手握拳且拳心朝上，放于身体两侧，保持这个姿势一段时间。

上身保持直立，挺胸抬头，双眼目视前方

右腿伸直，重心落于右腿上，保持平衡

其他角度

2.6.4 行走步

　　行走步也是进行跆拳道练习前的预备动作之一。

　　行走步：上身直立，双眼目视前方，双手握拳且拳心朝上，放于身体两侧。双腿伸直且一前一后分开约一只脚的距离站立，双脚脚尖朝前且身体重心稍向前脚移动。

双臂屈肘，双手握拳，拳心朝上

其他角度

其他角度

2.6.5 虎足步

　　虎足步是重要的防守动作之一。其中左脚在前为左虎步,右脚在前为右虎步。

　　虎足步:上身直立,双眼目视前方,双手握拳且拳心朝上,置于腰部两侧。双腿微屈,左脚向前迈出约半只脚的距离且前脚掌着地、后脚跟抬起,身体重量主要由右腿支撑。

其他角度

注意前脚的脚跟抬起,用前脚掌着地

其他角度

2.6.6 三七步

三七步是最为常用的步法之一。此步法移动的灵敏性较高，可以使各种腿法得以施展，也是套路中用得最多的步法。

三七步：上身直立且向侧面转体，双臂屈肘，双手握拳，置于腰部左右两侧，拳心朝上。双脚前后开立，前脚指向正前方，后脚指向90°方向，膝盖微屈，身体重量主要由后腿支撑。

上身保持直立，挺胸抬头，双眼目视前方

双臂屈肘，双手握拳，拳心朝上

其他角度

2.6.7 上步

上步一般用于调整与对手的距离，以假动作试探对手，从而找机会进攻。上步常与横踢、下劈等动作结合使用进行反击，但动作整体需协调。

1

2

3

重心落于左腿，
保持平衡

◉ 步骤

① 左脚在前，右脚在后，双臂屈肘，双手握拳置于胸前。

② 以左脚为轴，脚尖向外转，右脚蹬地向前上步。

③ 落地后呈右脚在前，左脚在后的姿势站立，双眼目视前方。

2.6.8 撤步

撤步一般用于调整与对手的距离，以避开对手的攻击，或为攻击对手做准备。

1

> **知识点**
>
> 撤步时，身体的整体动作要协调，撤步的速度要快，以便为下一步行动做好准备。

2

3

◎ 步骤

① 右脚在前，左脚在后，双臂屈肘，双手握拳置于胸前。

② 以左脚为轴，脚尖向内转，右脚蹬地向后撤步。

③ 落地后呈左脚在前，右脚在后的姿势站立，双眼目视前方。

2.6.9 前滑步

前滑步一般用于快速接近对手，在向前移动的过程中，前脚要稳，后脚跟步要快，双脚尽量紧贴地面。

1

2

3

> ### 知识点
>
> 前滑步是主动进攻时采用的步法，也可用于假动作，配合手臂的动作进行，便于快速接近对手。

膝盖部位的肌肉要放松

⊙ 步骤

① 左腿在前，右腿在后，双臂屈肘，双手握拳置于胸前。

② 双膝微屈，后脚蹬地发力，前脚迅速向前滑动一步。

③ 后脚蹬离地面，迅速向前跟进同样的距离，还原预备姿势站立。

2.6.10 后滑步

后滑步一般用于快速拉开自己与对手的距离，以躲避对手的进攻并配合进行反击。后滑步的步幅不要太大，可以通过蹬地的惯性来增加移动速度。

1

2

3

知识点

右脚先向后退步，然后左脚随着后退。注意不要双脚同时向后退步。

⊙ 步骤

① 左腿在前，右腿在后，双臂屈肘，双手握拳置于胸前，双膝微屈。

② 前脚蹬地发力，后脚迅速向后滑动一步。

③ 前脚蹬离地面，迅速向后跟进同样的距离，还原预备姿势站立。

2.6.11 侧移步

在跆拳道运动中，侧移步经常被用来躲闪对手的进攻，以便后续寻机进行反击。侧移步时，速度要快，身体保持放松。

1

2

3

◉ 步骤   其他角度

① 左脚在前，右脚在后，双臂屈肘，双手握拳置于胸前。

② 左脚向左侧移动，上身保持不动。

③ 右脚跟着向左移动。落地后保持左势站姿不变，双眼目视前方。

2.7 基本腿法

腿法在跆拳道训练中是非常重要的，在攻击、防守与反击中均可以起到主要作用，因此需要腿法具有较好的灵活度，这也决定了进攻与反击能否达到效果。

2.7.1 前横踢

跆拳道最基本的踢法为前横踢，可以提高膝关节的伸屈能力及小腿的弹打速度，主要攻击下颌、腹部和裆部。

◉ 步骤

① 预备姿势为右势，双脚右前左后，双手握拳护在身前，目视前方。

② 右腿屈膝上抬，左腿支撑，上身微向后倾。右腿小腿迅速弹踢，用脚背击打对手。

③ 右腿踢出后迅速收回。右脚着地，调整为右势站姿。

2.7.2 后横踢

后横踢是跆拳道的重要踢法之一，在具体动作上和前横踢有许多相似之处。后横踢的技术动作较为简单，有着速度快、隐藏性好、动作变化多样等特点。

⊙ 步骤

① 预备姿势为左势，双脚左前右后，双手握拳护在身前，目视前方。左腿支撑，右腿屈膝上抬。

② 左脚外旋，脚尖朝左，同时向左转体。右腿继续上抬至大腿大致与地面平行（也可尽量提膝至最大高度，此时为高位横踢）。右腿小腿迅速弹踢，用脚背击打对手。

③ 右腿踢出后迅速收回。右脚着地，调整为右势站姿。

2.7.3 正蹬

正蹬属于直线进攻的腿部技术，主要是借助身体的重量与力量，将腿部和髋部沿水平路线向前伸展。正蹬主要攻击胸、腹部等身体中段部位。

⊙ 步骤

① 预备姿势为左势，双脚左前右后，双拳护在身前，目视前方。

② 左脚踩地，右腿快速上抬。

③ 上身略后倾，右腿快速用力蹬出，着力点为脚掌部位。

④ 右腿在蹬击动作结束后，向前自然落下，调整为右势。

2.7.4 侧踢

　　侧踢具有独特的发力方法，可以发挥出强大的攻击力，是一种直线进攻的踢法。身体侧向迎敌，不易暴露破绽。抬腿侧踢可使动作更加快捷，运用得当会给对手造成重创。

1  ▶ **2**  ▶

知识点

侧身迎敌可保护身体空当，能有效阻挡对手的攻击。

3

◉ 步骤

① 预备姿势为右势，双脚右前左后，双拳护在身前，目视前方。

② 右脚外旋，向右转体，同时左腿屈膝上抬。左腿直线平蹬，踢击对手，着力点在脚掌外侧。

③ 左腿踢出后快速撤回。左脚着地，调整为左势站姿。

2.7.5 勾踢

勾踢是跆拳道的常用踢法，相对于其他踢法来说，它可阻挡、干扰对手的进攻，是辅助动作。

双臂保持屈肘握拳，在胸前保持身体平稳

步骤

① 预备姿势为左势，双脚左前右后，双拳护在身前，目视前方。

② 左腿直线平蹬，右腿支撑。

③ 左腿屈膝，小腿向左后方勾踢。

④ 左腿顺势回收，左脚着地，恢复左势站姿。

2.7.6 后踢

后踢是跆拳道中的转身攻击动作。它可配合其他动作一起攻击对手，或用于反击。运用得当的话，可以重击对手。

1

2

3

> **知识点**
>
> 后踢可用于进攻对手胸部、腹部或头部，也可以用于反击对手的进攻。

◎ 步骤

① 预备姿势为右势，双脚右前左后，双拳护在身前，目视前方。

② 右脚蹬地，向左后方转体，上身向前倾，肩部下沉，左腿向后方快速直线蹬出。

③ 左腿落下，上身抬起，左转，调整为左势站姿。

2.7.7 下劈

下劈腿是跆拳道中具有强攻击力的动作，通常用于攻击对手的上段部位，并且在比赛中得分率较高。

1

2

3

◎ 步骤

① 预备姿势为左势，双脚左前右后，双拳护在身前，目视前方。

② 左脚蹬地，右腿上踢，踢过头顶高度。

③ 右脚绷紧脚面，快速下劈，右脚脚尖着地。当下劈动作完成后，右腿放松，调整为右势站姿。

2.7.8 后旋踢

后旋踢是跆拳道中比较复杂的腿法，既可以单独使用攻击对手，也可以结合其他技术使用，亦是反击的腿法之一。

1

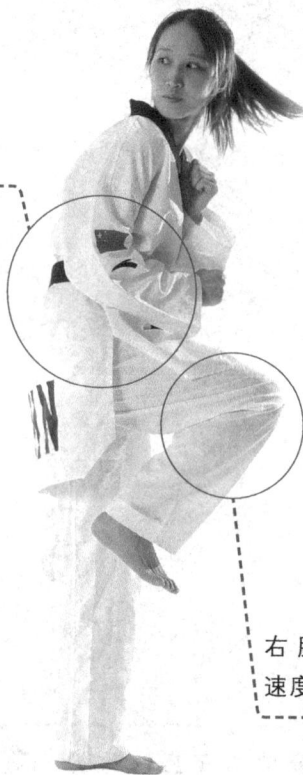

2

转身的动作
要连贯

右腿上抬
速度要快

知识点

后旋踢在实战中的使用频率很高。由于转体增加了动作难度，练习前最好进行热身。

◉ 步骤

① 预备姿势为左势，双脚左前右后，双手握拳护在身前，目视前方。

② 右腿上抬，左腿保持稳定，然后朝右后方转体180°。

3

右腿向后踢至最高处

4

双臂屈肘，双手握拳，置于身前，保持身体平衡

5

CHA

⊙ 步骤

③ 右脚向斜上方踢出，双手握拳放于身前，保持平衡。

④ 以左脚为轴，用腰部力量带动身体继续右转，将右脚上踢到最后处。

⑤ 右脚随着转体动作顺势回收落下，上身抬起，调整为左势站姿。

2.7.9 双飞踢

后腿双飞踢在跆拳道的实战中是迅速组合攻击的腿法，在脚还没落地的情况下进行两次及以上的横踢动作。这种腿法进攻迅速突然，在比赛中得分率较高。

1

2

◎ 步骤　　　　　　　　　　　　　　　其他角度

① 预备姿势为左势，双脚左前右后，双手握拳护在身前，目视前方。

② 左腿向下微屈，右腿迅速前踢。

其他角度

◉ 步骤

③ 在右腿落下的同时，左腿向上提起，使身体腾空，身体略微后倾。

④ 左腿小腿在大腿摆动力量的带动下，快速向前踢出。

⑤ 左腿落下，调整为左势站姿。

2.7.10 360°转身侧踢

在跆拳道实战中，360°转身侧踢是待防御后进行反击的腿法，主要用于被动攻击时，通过后撤、试探、闪躲等假动作，达到突发制人、进攻得分的效果。

1  ▶ **2**  ▶

3

◎ 步骤

① 预备姿势为左势，双脚左前右后，双拳护在身前，目视前方。

② 以左脚为轴，身体顺时针旋转。

③ 右腿抬起随身体旋转，左腿保持身体稳定。身体旋转180°，此时调整为右势姿势。

4

> ### 知识点
>
> 360°转身侧踢使用机会较多，可用于单独进攻，也可以配合其他技术进攻，或者在反击时使用。一个标准的360°转身侧踢，能给对手带来较大的威胁。

5

> ### 知识点
>
> 360°转身侧踢是转身腿法，整体上的动作技术比较复杂。

6

◎ 步骤

④ 右脚掌蹬地，带动身体继续顺时针旋转180°，上身略微后倾，左腿抬起。

⑤ 左腿快速向侧方踢出。

⑥ 左腿落下，调整为左势站姿。

2.7.11 360°转身下劈

360°转身下劈是跆拳道实战的进攻腿法，主要攻击对手的上段部位。在做此动作时，应注意控制住重心，使身体在转身360°以后能迅速站稳不倒。

1

2

3

知识点

转身下劈动作要求速度快、力度大。上踢时要送髋，支撑脚的脚跟要离地，只有这样才能踢得高。

⊙ 步骤

① 预备姿势为左势，双脚左前右后，双拳护在身前，目视前方。

② 以左脚为轴，带动身体向右后方旋转。

③ 将身体重心放在左脚，右腿上抬。

4

知识点

在下劈动作中，注意
要控制力度。

5

6

当下踢动作收回后，
脚尖着地

⊙ **步骤**

④ 转体 360° 之后，换右腿
支撑，左腿上踢过头顶位
置，右脚跷起脚尖助力。

⑤ 左脚绷紧脚面，
快速下劈，然后
脚尖着地。

⑥ 左脚全脚掌着地，
调整为左势站姿。

2.8 基本格挡

跆拳道实战是变幻莫测的，在对抗中常以快打慢、以强打弱，难免出现被对手追击的情况。当自身处在被动的局面下，格挡就是一项非常重要的技术。

2.8.1 上格挡

上格挡是以从手腕到肘部之间的小臂外侧格挡对手攻击的技术动作，在跆拳道运动中可以有效地抵御上段攻击。

1　右臂屈肘握拳置于腹部左侧，拳心朝上

2

◎ 步骤

① 预备姿势：双脚分开，间距与肩同宽，双手握拳，左臂置于胸部，右臂置于腹部。抬起右臂进行上格挡，左臂屈肘握拳置于腰部。

② 恢复预备姿势，双臂位置相互交换。抬起左臂进行上格挡，右臂屈肘握拳置于腰部。

2.8.2 中格挡

中格挡是借助手腕的灵活性，用小臂进行格挡的技术动作，一般用于防御正前方的直线攻击，以保护身体的中段部位。

1

2

知识点

在格挡的时候，头部应与对手踢来的腿保持一定的距离，否则手臂与头部就容易被一起击打到。

3

4

◎ 步骤

① 预备姿势：双脚分开，间距与肩同宽，左臂屈肘握拳，向外侧打开，右臂向前伸直，右手握拳。

② 左臂向内进行格挡，右臂屈肘，右手握拳置于腰部。

③ 恢复预备姿势，注意双臂位置相互交换。

④ 右臂向内进行格挡，左臂屈肘，左手握拳置于腰部。

2.8.3 下格挡

下格挡是以从手腕到肘部之间的小臂外侧格挡，并在腰部前方形成格挡，以防御对手从下段攻击的技术动作。

◎ 步骤

① 预备姿势：双脚分开，间距与肩同宽，双手握拳，左臂屈肘握拳放于胸前，右臂向下伸直，拳心朝上。

② 左臂伸直向下格挡，右臂屈肘握拳收于腰部。

③ 恢复预备姿势，注意双臂位置相互交换。

④ 右臂伸直向下格挡，左臂屈肘握拳放于腰部。

第 ③ 章

跆拳道的组合动作技术与太极品势

- 组合腿法
- 太极品势

3.1 组合腿法

跆拳道的腿法有很多种变化。在实战中，快速、精准的腿法是掌握进攻技术的前提。

3.1.1 右前横踢+右前横踢

这套组合用于攻击对手的上段和中段，是进攻加进攻的踢法。

1

2

◉ 步骤

① 预备姿势为右势，双脚右前左后，双手握拳护在身前，目视前方。左腿支撑，右腿屈膝上抬。

② 右腿小腿迅速弹踢，用脚背击打对手。右腿踢出后迅速收回，右脚着地。

3

> **知识点**
>
> 膝部夹紧，小腿放松，腿部踢出与收回的速度要一致。

4

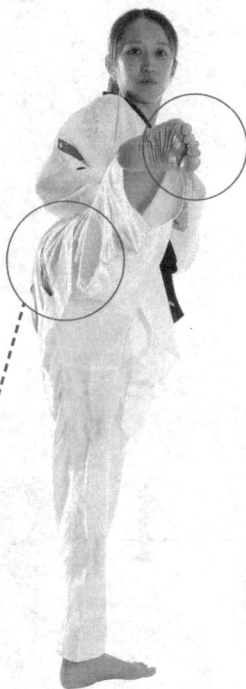

击打的位置为脚背

髋部要稳定

5

◎ 步骤

③ 右腿再次屈膝上抬。

④ 右腿小腿迅速弹踢，用脚背击打对手。

⑤ 右腿收回，右脚着地，恢复为右势站姿。

3.1.2 左前横踢+右后横踢

这套腿法组合是进攻加进攻的组合踢法，先用前横踢攻击对手的中段部位，再用后横踢对对手的中段部位进行二次攻击。

⊙ 步骤

① 预备姿势为左势，双脚左前右后，双拳护在身前，目视前方。

② 左腿屈膝上抬，右腿支撑。

③ 左腿小腿快速弹踢，用脚背击打对手。

④ 左腿踢出后迅速收回。左脚着地，恢复左势站姿。

5

6

7

击打目标后，小腿
迅速收回

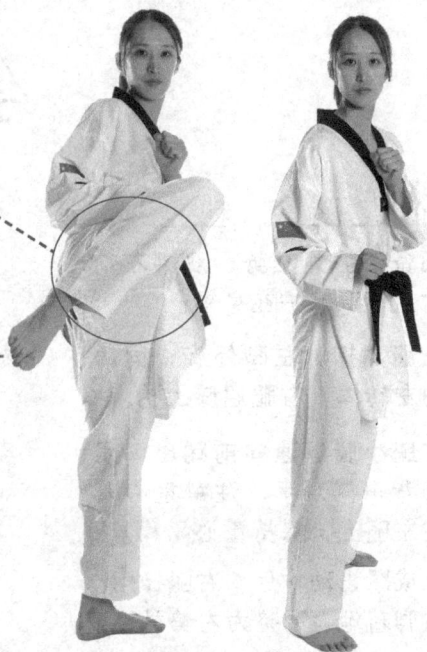

◉ 步骤

⑤ 左腿支撑，左脚外旋，同时向左
转体，右腿屈膝上抬。

⑥ 右腿小腿迅速弹踢，用脚背击打
对手。

⑦ 右腿踢出后迅速撤回。右脚着地，
调整为右势站姿。

3.1.3 右后横踢+左后横踢

这套腿法组合针对的是对手的两侧，比如肋骨或对手侧身时的前胸、后背，甚至是头部。它要求运动员转体迅速，因为这是双重进攻组合。

1

2

3

4

⊙ 步骤

① 预备姿势为左势，双脚左前右后，双拳护在身前。

② 左腿支撑，左脚外旋，同时向左转体，右腿屈膝上抬。

③ 右腿小腿迅速向前踢出，用脚背击打对手，注意重心落在左腿上，保持重心平稳。

④ 完成踢击动作后，右腿撤回。右脚着地，调整为右势站姿。

5

保持踝关节放松，
用脚背击打对手

6

知识点

后横踢旨在以脚背为发力点
攻击对手的中段。后横踢要
求身体重心平稳，动作快速、
流畅且连贯。

7

⊙ 步骤

⑤ 右腿支撑，右脚外旋，同时向右转体，
左腿屈膝上抬。

⑥ 左脚快速前踢攻击对手。

⑦ 左腿踢完后迅速回收。然后左脚着地，
调整为左势站姿。

3.1.4 右后横踢+左下劈

这套腿法组合是进攻加进攻的组合踢法，先用后横踢攻击对手的上、中段部位，再用下劈攻击对手的头顶。注意动作要连贯、果断。

◎ 步骤

① 预备姿势为左势，双脚左前右后，双拳护在身前，目视前方。

② 左腿支撑，左脚外旋，同时向左转体，右腿屈膝上抬。

③ 右腿小腿迅速弹踢，用脚背击打对手。

④ 右腿踢出后迅速撤回。

向下劈时，踝关节
应放松，力道要控
制得当

◉ 步骤

⑤ 右脚着地，调整为右势站姿。

⑥ 右脚踮起、发力，左腿借力
上踢过头顶。

⑦ 左腿快速向前下劈，用脚跟
或脚掌击打对手，然后顺势
落下，脚尖先着地。

⑧ 左脚全脚掌着地，调整为左
势站姿。

跆拳道的基础知识

跆拳道的基本姿势与动作技术

跆拳道的组合动作技术与太极品势

跆拳道的竞赛规则

3.1.5 右后横踢+左后旋踢

这套腿法组合是进攻加进攻的组合踢法，先用后横踢攻击对手的中段部位，再用后旋踢攻击对手的面部和胸部。

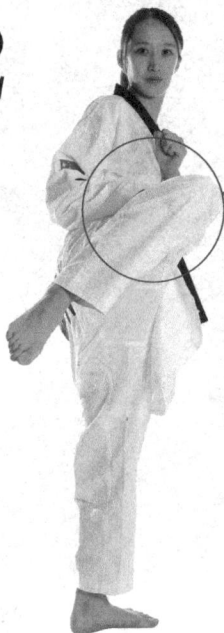

提膝时膝部保持夹紧

⊙ 步骤

① 预备姿势为左势，双脚左前右后，双手握拳护在身前，目视前方。

② 左脚外旋，带动身体左转，同时右腿屈膝上抬。

③ 右腿小腿迅速弹踢。

④ 完成踢击动作后，右腿撤回。

5

6

左腿从左侧向右侧划出弧度

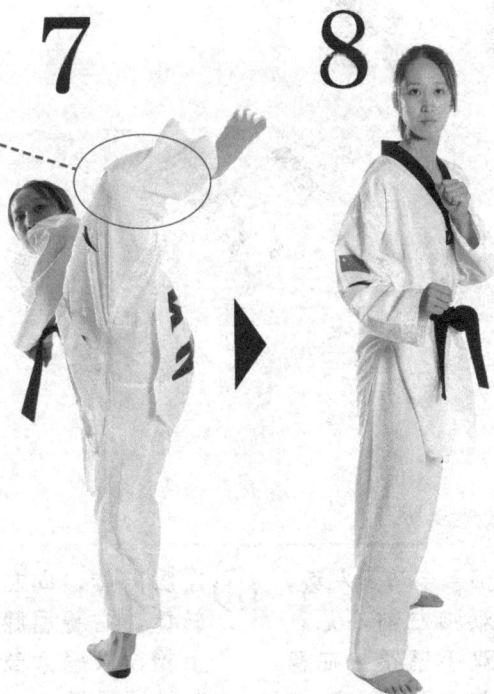

7

8

⊙ 步骤

⑤ 右脚着地，此时为右势站姿。

⑥ 以右脚为轴，身体向左后转体180°。左脚抬起向斜上方踢出，用脚掌攻击。

⑦ 身体下压，腰部带动身体转体，将左脚上踢到最后处。

⑧ 将左脚回收落下，调整为右势站姿。

3.1.6 右后中位横踢+左后高位横踢

这套腿法组合是进攻加进攻的组合踢法，先用中位横踢攻击对手的胸部和腹部，再用高位横踢攻击对手的上段部位，运用得当会给对手予以重创。

1

2

3

4

◎ 步骤

① 预备姿势为左势，双脚左前右后，双手握拳护在身前，目视前方。

② 左脚外旋，向左转体，右腿屈膝上抬至大腿大致与地面平行。

③ 右腿小腿迅速向前弹踢。

④ 右腿踢出后快速撤回。

5

6

7

8

⊙ 步骤

⑤ 右脚着地，调整为右势站姿。

⑥ 右脚外旋，向右转体，左腿尽可能高地屈膝上抬。

⑦ 左腿迅速向上方弹踢，至最高位，身体向后倾。

⑧ 左腿踢出后快速收回。左腿着地，调整为左势站姿。

3.1.7 右后横踢+左后横踢+右后踢

这套腿法组合是针对对手身体中段进攻的技法，属于进攻加进攻加防御的技法。在用这套腿法进攻时，腿部攻击应迅速而果断。

⊙步骤

① 预备姿势为左势，双脚左前右后，双拳护在身前，目视前方。

② 左脚外旋，带动身体左转，右腿屈膝上抬。

③ 右腿小腿快速弹踢，着力点在脚背。

④ 右腿踢出后迅速撤回。右脚着地，调整为右势站姿。

5

6

> **知识点**
>
> 注意击打的着力点
> 为正脚背，踝关节
> 放松。横踢攻击的
> 主要部位有头部、
> 胸部、腹部和肋部。

7

8

◉ 步骤

⑤右脚外旋，带动
身体右转，左腿
屈膝上抬。

⑥左腿小腿迅
速弹踢。

⑦左腿踢出后
迅速收回。

⑧左脚着地，恢复
左势站姿。

9

10

在后蹬时，可借展髋的力量，用脚跟部位攻击对手

11

双手握拳护在身前

⊙ 步骤

⑨ 以左脚为中心，向右后方转体，同时，右腿上抬。

⑩ 上身前倾，沉肩，右腿向后快速直线蹬出。

⑪ 继续转体，同时右腿着地，调整为右势站姿。

3.1.8 左后横踢+左侧踢+右后横踢

这套腿法组合是进攻加防守再加进攻的组合踢法，先用左后横踢和左侧踢攻击对手的右侧部位，再用右后横踢攻击对手的左侧部位。

1

2

3

4

◉ 步骤

① 预备姿势为右势，双脚右前左后，双拳护于身前，目视前方。

② 右腿支撑，右脚外旋，同时向右转体，左腿屈膝上抬。

③ 左腿小腿迅速弹踢，着力点在脚背。

④ 左腿踢出后迅速收回。左脚着地，调整为左势站姿。

71

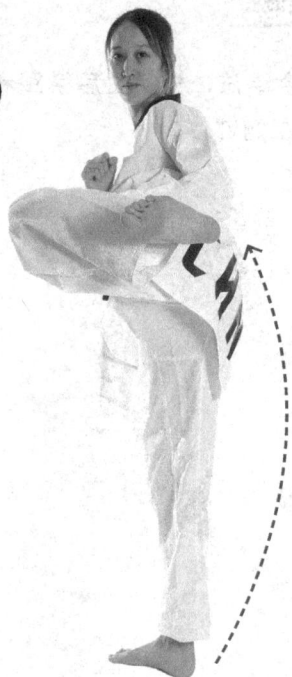

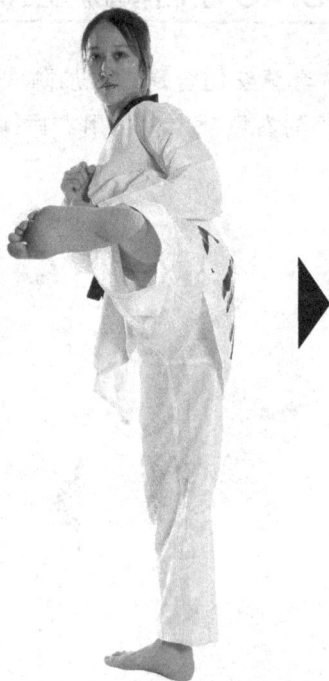

⊙ 步骤

⑤ 右腿支撑，左腿屈膝上抬。

⑥ 左腿直线平蹬，用脚掌的外侧位置攻击对手。

⑦ 左腿踢出后迅速撤回。

⑧ 左脚着地，调整为左势站姿。

在保持踝关节放松的前提下，用脚背击打对手

◉ 步骤

⑨ 左腿支撑，左脚外旋，同时向左转体，右腿屈膝上抬。

⑩ 右腿快速弹踢，用脚背击打对手。

⑪ 右腿踢出后迅速收回。

⑫ 右脚着地，调整为右势站姿。

跆拳道的基础知识

跆拳道的基本姿势与动作技术

跆拳道的组合动作技术与太极品势

跆拳道的竞赛规则

3.1.9 右后横踢+左下劈+左侧踢

这套腿法组合是进攻加进攻再加防守的组合踢法，先用后横踢攻击对手的头部、胸部和腹部，再用下劈攻击对手的头顶，最后用侧踢来阻挡或干扰对手进攻。

1

2

提膝时膝部保持夹紧

3

4

◎ 步骤

① 预备姿势为左势，双脚左前右后，双拳护在身前，目视前方。

② 左腿支撑，左脚外旋，同时向左转体，右腿屈膝上抬。

③ 右腿小腿迅速弹踢，用脚背击打对手。

④ 右腿踢出后迅速收回。

5

▶

6

▶

7

8

▶

◉ 步骤

⑤ 右脚着地，调整为右势站姿。

⑥ 右脚跳起并蹬地发力，左腿借力上踢过头顶。

⑦ 左腿快速向前下劈，用脚跟或脚掌击打对手。然后左脚顺势落下，脚尖先着地。

⑧ 左脚全脚掌着地，调整为左势站姿。

9

10

11

12

◎步骤

⑨ 左腿屈膝上抬，同时向 ⑩ 左腿直线平蹬， ⑪ 左腿踢完 ⑫ 左脚着地，
右转髋，身体微向后倾， 用脚掌的外侧 后，迅速 调整为左
重心落在右腿上。 位置击打对手。 撤回。 势站姿。

3.1.10 右后横踢+双飞踢+左后踢

这套腿法组合是进攻加进攻再加防守的组合踢法，先用右后横踢攻击对手的左侧部位，再用双飞踢进攻对手的头部、胸部和腹部，最后再对对手的中段部位使用左后踢攻击。

⊙ 步骤

① 预备姿势为左势，双脚左前右后，双拳护在身前，目视前方。

② 左腿支撑，左脚外旋，带动身体左转，右腿屈膝上抬。

③ 右腿小腿快速弹踢，着力点在脚背。

④ 右腿完成踢击动作后迅速撤回。

5

知识点

当右腿前踢时，膝部
应保持放松，髋部要
配合送髋。

6 **7** **8**

右脚蹬地，左腿顺着
蹬地的力道提膝

◉ 步骤

⑤ 右脚着地，
调整为右势
站姿。

⑥ 右腿保持身体
稳定，同时左
腿上抬。

⑦ 左腿在还未落下
之时，右腿上踢，
上身后仰，身体
处于腾空状态。

⑧ 右腿的大腿
带动小腿，
向前踢出。

9

10

在后蹬时，可借展
髋的力量，用脚跟
部位攻击对手

11

12

◉ 步骤

⑨ 右腿踢出后迅速撤回，上身稍
   抬起，重心落于左腿。右脚着
   地，调整为右势站姿。

⑩ 以右脚为轴，向左转体，同时
   左腿向上抬起。

⑪ 上身前倾，沉肩，左腿向后快
   速直线蹬出。

⑫ 继续转体，左腿收回落下，左
   脚在前，右脚在后，呈左势站姿。

3.1.11 左后横踢+上步+右下劈

这套腿法组合是进攻加进攻再加进攻的组合踢法，主要攻击对手上、中段部位。注意在击打时踝关节要放松。

◉ 步骤

① 预备姿势为右势，双脚右前左后，双拳护在身前，目视前方。

② 右腿支撑，右脚外旋，同时向右转体，左腿屈膝上抬。

③ 左腿小腿迅速弹踢，着力点在脚背。

④ 左腿踢出后迅速收回。左脚着地，调整到左势站姿。

5 6 7

8

跆拳道的基础知识

跆拳道的基本姿势与动作技术

跆拳道的组合动作技术与太极品势

跆拳道的竞赛规则

⊙ 步骤

⑤ 右腿上前一步，上身动作保持不变。

⑥ 左腿上前一步，仍为左势站姿。

⑦ 右腿快速向上抬起，然后向下劈腿。

⑧ 右腿落下，脚尖先落地。双臂屈肘置于身前，保持平衡。右脚全脚掌着地，恢复右势站姿。

3.1.12 双飞踢+后踢

这套腿法组合是进攻加防守的组合踢法，先用双飞踢攻击对手的头部、胸部和腹部，再用后踢来攻击对手身体的中段部位。

◎ 步骤

① 预备姿势为右势，双脚右前左后，双手握拳护在身前。

② 右脚脚尖踮起并发力，左腿借力上抬。

③ 左腿开始下落，还未落下之时，右腿上抬，身体处于腾空状态，且上身略微后倾。

④ 右腿的大腿带动小腿，向前踢出。

5

6

左腿向后展髋、伸膝并沿直
线向后蹬踢，力达脚跟

7

知识点

双飞踢动作要连贯，用连贯发
力的双腿攻击对手。

◉ 步骤

⑤ 右腿收回落下，
然后以右脚为中
心，向左转体，
同时左腿上抬。

⑥ 上身前倾，右肩下沉，
左腿随即迅速向后沿
直线蹬踢。

⑦ 继续转体，同时左腿
收回落下，左脚在
前，右脚在后，呈左
势站姿。

3.1.13 双飞踢+后踢+后旋踢

在这组腿法中，有进攻有防守。先用双飞踢进攻，再用后踢击打对手的正后偏右方，最后用后旋踢呈水平弧线击打对手的正前方。

◎ 步骤

① 预备姿势为右势，双脚右前左后，双手握拳护在身前。

② 右脚脚尖跷起并发力，左腿借力上抬。

③ 左腿开始下落，还未落下之时，右腿上抬，身体处于腾空状态，且上身略微后倾。

④ 右腿的大腿带动小腿，向前踢出。

左腿向后展髋、伸膝并沿直线向后蹬踢，力达脚跟

知识点

在击打对手的上段或进行反击时，可采用后踢技术。

◎ 步骤

⑤ 右腿收回落下，然后以右脚为中心，向左转体，同时左腿上抬。

⑥ 上身前倾，右肩下沉，左腿随即迅速向后沿直线蹬踢。

⑦ 继续转体，同时左腿收回落下，左脚在前，右脚在后，呈左势站姿。

8

9

右腿向后踢至
最大限度

10

⊙ 步骤

⑧ 以左脚为轴，身体向右后转体180°。右脚提起向斜上方踢出，用脚掌攻击。

⑨ 身体下压，腰部带动身体继续右转，将右腿上踢到最后处。

⑩ 右脚随转体动作回收落下，恢复左势站姿。

3.2 太极品势

品势是跆拳道的练习系统，旨在将跆拳道的基础动作编为套路，供学习者练习。此外，品势也是1~10级练习者的考核项目。太极品势共有八章。

3.2.1 太极一章

太极一章与八卦中的"乾"卦意义相同。"乾"代表生命的源头，象征着开始，兼有阳刚之气，因此该章是初学者要掌握的品势，以前屈立动作、中下段的攻击与防御动作为主。

⊙ 步骤

① 身体呈直立预备姿势，两脚分开，间距与肩同宽，双手握拳置于身体前侧，拳心向内，目视前方。向左转体90°，左脚向左侧呈左行走步，同时左手向下进行格挡。

② 右脚向前迈步呈右行走步，同时右臂向前呈中位直拳。左腿位置不变，以左脚为中心顺时针方向旋转180°，右脚上步呈右行走步，同时右手向下挡。

③ 左脚前迈，呈左行走步，同时左手呈中位直拳。向左转体90°（至起始位置方向），呈左弓步，同时左手向下格挡。

4

5

6

7

⊙ 步骤

④ 保持弓步姿势不变，右手呈中位直拳。向右旋转90°，右脚上步呈右行走步，
同时左手中位格挡。

⑤ 左脚向前迈步呈左行走步，同时右手呈中位直拳。

⑥ 向左旋转180°，左脚上步呈左行走步，同时右手中位格挡。右脚上步呈右
行走步，同时左手呈中位直拳。

⑦ 以左脚为中心向右旋转90°，右脚向右前方迈步呈右弓步，同时右手向下
格挡。保持弓步姿势不变，右手收回，左手呈中位直拳。

8

9

10

11

◎ 步骤

⑧ 以右脚为中心向左旋转90°，左脚向左前方上步呈左行走步，同时左手向上格挡。右腿向上踢出，脚尖上钩，左臂收回至腰间。

⑨ 右腿落下呈右行走步，同时右手呈中位直拳。

⑩ 顺时针旋转180°，右脚上步呈右行走步，同时右手向上格挡。

⑪ 左脚上踢，脚尖上钩，同时右臂收回至腰间。左脚落于前侧呈左行走步，同时左手呈中位直拳。

89

12

其他角度

13

⊙ 步骤

⑫ 以右脚为中心顺时针旋转 90°，左脚朝右前方上步呈左弓步，同时左臂向下格挡。接着右脚上步呈右弓步，同时右手呈中位直拳。

⑬ 以右脚为中心逆时针旋转 180°，还原至预备姿势。

3.2.2 太极二章

太极二章与八卦中的"兑"卦有着相同的意义。"兑"寓意为少女，是柔和的象征，因此该章的动作以柔为主，但也有很强的攻击力，通常攻击对手的中下段位置，并且与上踢和防御上段进攻的动作一起使用。

1

⊙ 步骤

① 身体呈直立预备姿势，双脚分开，间距与肩同宽，双手握拳置于腹前，拳心向内，目视前方。向左转体 90°，左脚向左侧移动呈左行走步，同时右手收于腰侧，左手向下格挡。

◎ 步骤

② 右脚向前迈步呈右弓步姿势，同时右臂伸直，右手呈中位直拳。

③ 以左脚为中心顺时针方向转体180°，右脚上步呈右行走步，同时右手向下格挡。左脚向前迈步呈左弓步，同时左手呈中位直拳。

④ 以右脚为中心向左侧旋转90°，左脚上步呈左行走步，同时右手呈中位格挡。

⑤ 右脚向前迈步呈右行走步，同时左手中位格挡。以右脚为中心向左侧旋转90°，左脚上步呈左行走步，同时左手向下格挡。

◉ 步骤

⑥ 左脚支撑身体，右脚上踢，双手收于体侧。右脚落地后呈右弓步姿势，同时右手呈高位直拳。

⑦ 以左脚为中心沿顺时针方向旋转180°，右脚迈步呈右行走步，同时右手向下格挡。

⑧ 右脚支撑身体稳定，左脚上踢，双手收于体侧。

⑨ 左脚落地后呈左弓步，同时左手呈高位直拳。

10

11

12

其他角度

◎ 步骤

⑩ 以右脚为中心向左侧旋转90°，左脚上步呈左行走步，同时左手向上格挡。
右脚上步呈右行走步，同时右手向上格挡。

⑪ 以右脚为中心逆时针方向转体270°，左脚向前迈步呈左行走步，同时右手
中位格挡。以左脚为中心顺时针方向转体180°，右脚呈右行走步，同时左
手中位格挡。

⑫ 以右脚为中心向左侧旋转90°，左脚上步呈左行走步，同时左手向下格挡。
左脚支撑身体重心，右脚上踢。右脚落下后，在前侧呈右行走步，同时右手
呈中位直拳。

13

其他角度

14

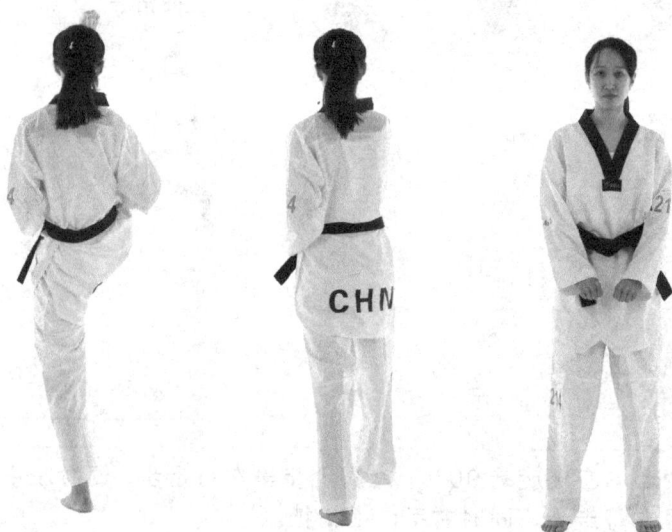

◎ 步骤

⑬ 右脚支撑身体重心，左脚上踢。左脚落地后呈左行走步，同时左手呈中位直拳。

⑭ 重心移至左脚，右腿伸直上踢，之后落于身体前侧，呈右行走步姿势，同时右手呈中位直拳。以右脚为中心逆时针旋转180°，还原至预备姿势。

3.2.3 太极三章

太极三章与八卦中的"离"卦意义相同。"离"意为火，代表着光与热，活力四射，因此该章的动作也是动感十足，包括很多上踢、正面攻击等动作。

◎ 步骤

① 身体呈直立预备姿势，双脚分开，间距与肩同宽，双手握拳置于身体前侧，拳心向内，目视前方。

② 向左转体90°，左脚向左迈步呈左行走步，左手向下格挡。左脚支撑身体重心，右脚上踢，脚尖上钩。

③ 右脚下落于身体前侧，呈右弓步，同时右手中位直拳接左手中位直拳。

⊙ 步骤

④ 以左脚为中心顺时针旋转180°，右脚呈右行走步，同时右手向下格挡。

⑤ 右腿支撑身体重心，左腿上踢。左脚下放至身体前侧呈左弓步，同时左手中位直拳。

⑥ 右手中位直拳。

⑦ 以右脚为中心向左转体，左脚向左侧90°方向迈步呈左行走步，同时右手呈手刀进行攻击。接着右脚向前迈步呈右行走步，同时左手呈手刀进行攻击。

⊙ 步骤

⑧ 以右脚为中心向左转体，左脚向左侧90°方向迈步，重心稍靠后，呈三七步，同时左手呈手刀进行中位格挡。左脚略微前移，右腿伸直，呈左弓步姿势，同时左手收回，右手呈中位直拳。

⑨ 以左脚为中心顺时针转体180°，同时右脚随之移动，重心稍靠后，呈三七步，右手呈手刀进行中位格挡。

⑩ 右脚略微前移，左腿伸直，呈右弓步姿势，同时右手收回，左手呈中位直拳。

⑪ 以右脚为中心逆时针转体90°，左脚向前呈左行走步，同时右手中位格挡。右脚向前迈步呈右行走步，右手收于腰侧，左手中位格挡。

◉ 步骤

⑫ 以右脚为中心逆时针转体 270°，同时左脚向前移动呈左行走步，左手向下格挡。保持身体稳定，双手收于体侧，右脚上踢。

⑬ 右脚落于身体前侧呈右弓步，同时右手中位直拳。

⑭ 接左手中位直拳。

⑮ 以左脚为中心顺时针旋转 180°，右脚在前呈右行走步，同时右手向下格挡。

16

17

18

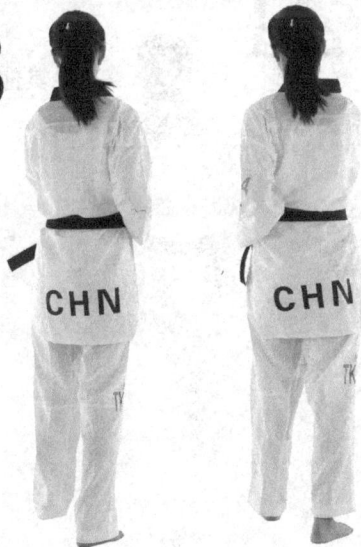

其他角度

◎ 步骤

⑯ 右脚支撑身体，左脚上踢。

⑰ 左脚落于身体前侧呈左弓步，同时左手中位直拳接右手中位直拳。

⑱ 以右脚为中心向左转体，左脚向左侧90°方向迈进呈左行走步，左手向下格挡。双脚姿势不变，左手收回，右手呈中位直拳。

19

其他角度

20

21

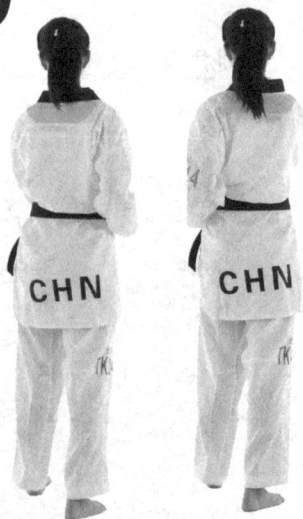

其他角度

◎ 步骤

⑲ 右脚向前上步呈右行走步，左臂收于体侧，同时右手向下格挡。身体姿势不
变，右手收回，左手向前呈中位直拳。双拳收至体侧，拳心向上，左脚上踢。

⑳ 左脚落地呈左行走步，同时左臂向下格挡。双脚姿势不变，左手收于体侧，
右手呈中位直拳。

㉑ 左脚支撑身体，右脚上踢，同时双臂收于体侧。

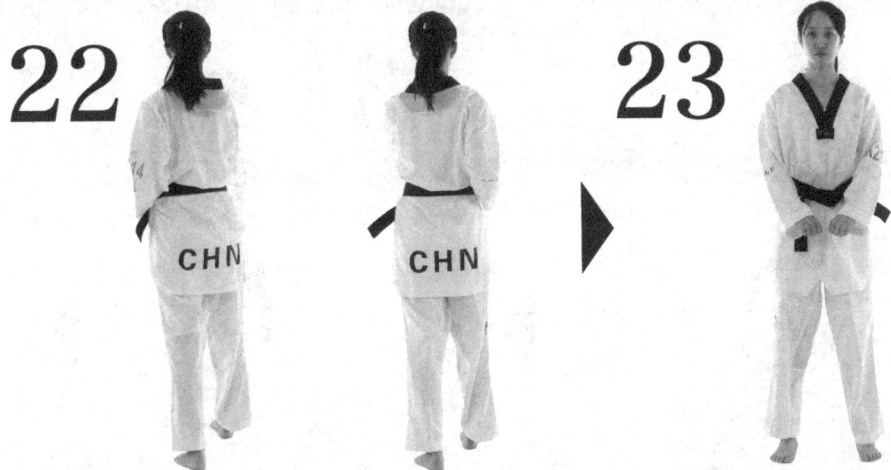

22 **23**

⊙ 步骤

㉒ 右脚落地呈右行走步，同时右手向下格挡。双脚姿势不变，右手收于体侧，左手呈中位直拳。以右脚为中心逆时针旋转180°，还原至预备姿势。

㉓ 以右脚为中心逆时针旋转180°，还原至预备姿势。

3.2.4 太极四章

太极四章与八卦中的"震"卦意义相近。"震"是雷的意思，讲究居安思危，保持警惕，因此本章的动作重在攻击与防守，例如手刀、贯手、攻击与中段防御都是主要动作。其中中段防御的动作有较大难度，因此在训练时要用心、刻苦。

1

⊙ 步骤

① 身体呈直立预备姿势，两脚分开，间距与肩同宽，双手握拳置于身体前侧，拳心向内，目视前方。向左转体90°，左脚向左移步呈三七步，双手呈手刀格挡。

2 ▶

3 ▶

4 ▶

5

◉ 步骤

② 右脚向前迈步呈右弓步，同时左手按掌，右手呈手刀向前攻击。

③ 以左脚为中心顺时针旋转180°，右脚顺势移动呈三七步，双手呈手刀格挡。

④ 左脚向前迈步呈左弓步，同时右手按掌，左手呈手刀向前攻击。

⑤ 以右脚为中心向左转体，左脚向左侧90°方向迈步呈左弓步，同时双手呈
燕子形手刀攻击。双臂收回，保持身体稳定，右脚上踢。

6

7

8

⊙ 步骤

⑥ 右脚落于身体前侧呈右弓步，同时左手呈中位直拳。

⑦ 身体微微右转，左脚向上侧踢。左脚落地，双手收于身前。

⑧ 保持身体稳定，身体微微左转，右脚向上侧踢。右脚落于身体前方呈三七步，同时双手呈手刀格挡。

⊙ 步骤

⑨ 以右脚为中心逆时针转体270°，左脚向逆时针方向迈步呈三七步，双手握拳，左手中位格挡。保持身体稳定，左脚支撑身体，右脚上踢。

⑩ 右脚着地，落于原来位置，保持三七步，左手收于体侧，右手中位格挡。

⑪ 以左脚为中心顺时针转体180°，右脚顺势呈三七步，右手中位格挡。

⑫ 右脚支撑身体重心，左脚上踢。保持身体稳定，左脚落于原来位置，保持三七步，左手中位格挡。

13

其他角度

14

⊙ 步骤

⑬ 以右脚为中心逆时针转体 90°，呈左弓步，同时左手手刀格挡，右手手刀
横砍，呈燕子形手刀攻击。保持身体稳定，左脚支撑身体，右脚上踢，同时
双手握拳收于身体两侧。右腿落于身体前侧呈右弓步姿势，右手呈背拳进行
攻击。

⑭ 以右脚为中心逆时针转体 90°，左脚向逆时针方向迈步呈左行走步，左手
中位格挡。双腿位置保持不变，左手收回，右手呈中位直拳。

15

16

其他角度

◎ 步骤

⑮ 以左脚为中心顺时针旋转180°，右脚顺势移动呈右行走步姿势，右臂中位格挡。双脚保持不动，右臂收回，左手呈中位直拳。

⑯ 身体向逆时针方向转体90°，呈左弓步姿势，左臂屈肘中位格挡。双脚位置保持不变，右手中位直拳接左手中位直拳。

17

其他角度

18

其他角度

19

跆拳道的基础知识

跆拳道的基本姿势与动作技术

跆拳道的组合动作技术与太极品势

跆拳道的竞赛规则

◎ 步骤

⑰ 右脚向前迈步呈右弓步，右手中位格挡。双脚位置保持不变，左手呈中位直拳。

⑱ 左臂收于体侧，右手呈中位直拳。

⑲ 以右脚为中心逆时针旋转180°，还原至预备姿势。

3.2.5 太极五章

太极五章与八卦中的"巽"卦意义相近。"巽"是风的意思，既有微弱的微风，也有威力很大的强风。太极五章的型，正因为含有此意，因此当演武时，应在单调、平静中进行，但到了后半段则逐渐变强，并且还要使用砸击、肘打等技法。

1

2

3

◎ 步骤

① 身体呈直立预备姿势，双脚分开，间距与肩同宽，双手握拳位于身体前侧，拳心向内，目视前方。

② 向左转体90°，左脚向左前方迈步，呈左弓步，左手向下格挡，右手收回至腰间。左脚收回呈站立姿，左手下垂拳攻击。

③ 身体右转180°，右脚迈出呈右弓步，右手向下格挡，左手收于腰间。右脚收回呈站立姿，右手下垂拳攻击。

⊙ 步骤

④ 身体左转 90°，左脚迈步呈左弓步，右手收回至腰间，左手中位格挡。双脚保持不动，左手收回至腰间，右手中位格挡。

⑤ 左脚支撑身体，保持身体稳定，右脚上踢。右脚落于身体前侧呈右弓步，右手背拳攻击。

⑥ 双腿姿势不变，右手收于腰侧，左手中位格挡。右脚支撑身体重心，左脚上踢。

⑦ 左脚落于身体前侧，呈左弓步，同时左手背拳向前攻击。双腿姿势不变，左手收于腰侧，右手中位格挡。

8

9

10

⊙ 步骤

⑧ 保持身体稳定，右脚向前迈步呈右弓步，右手呈背拳攻击。

⑨ 以右脚为中心逆时针转体270°，左脚顺势向逆时针方向迈步呈三七步，左手呈手刀中位格挡。右脚上步呈右弓步，左手迎右拳，右肘向前攻击。

⑩ 以左脚为中心顺时针转体180°，右脚顺势向顺时针方向迈步呈三七步，同时右手呈手刀中位格挡。左脚向前迈步呈左弓步，右手迎左拳，左肘向前攻击。

11

其他角度

12

其他角度

⊙ 步骤

⑪ 以右脚为中心逆时针转体90°，左脚顺势向逆时针方向上步，呈左弓步姿势，左手向下格挡。双脚保持位置不动，左手收回至腰间，右手中位格挡。左脚支撑身体重心，保持身体稳定，右脚顺势上踢。

⑫ 右脚下落于身体前侧呈右弓步，同时右手向下格挡。双腿姿势保持不动，右手收于腰侧，左手中位格挡。

13

15

◎ 步骤

⑬ 以右脚为中心，身体向逆时针方向旋转90°，同时左脚顺势向前迈步呈左
弓步。左臂屈肘向上格挡。左手收于体侧，左脚支撑身体，右脚侧踢。

⑭ 右脚落于身体前侧呈右弓步，同时双臂屈肘向前攻击。

⑮ 以左脚为中心，身体向顺时针方向旋转180°，同时右脚顺势迈步呈右弓步，
右臂屈肘向上格挡。左手收于体侧，右脚支撑身体，左脚侧踢。

16

其他角度

17

其他角度

18

⊙ 步骤

⑯ 左脚落于身体前侧呈左弓步，双臂屈肘向前攻击。以右脚为中心，身体向逆时针方向旋转90°，左脚顺势向前迈步呈左弓步姿势，同时左手向下格挡。双腿姿势保持不变，左手收于体侧，右手中位格挡。

⑰ 左腿支撑身体稳定，右脚上踢。在右脚未落地之前，向前跳步呈交叉步姿势，同时右手背拳发出攻击。

⑱ 身体向逆时针方向旋转90°，还原至预备姿势。

3.2.6 太极六章

太极六章与八卦中的"坎"卦意义相同。"坎"意为水，像水一般柔，因此本章动作大多比较舒缓、柔和。

1 **2**

3 **4**

⊙ 步骤

① 身体呈直立预备姿势，双脚分开，间距与肩同宽，双手握拳置于身体前侧，拳心向内，目视前方。

② 向左转体90°，左脚向左移步呈左弓步，左手向下格挡。左脚支撑身体，右脚上踢，双手收于体侧。

③ 右脚收回并后撤呈三七步，同时左手中位格挡。

④ 以左脚为中心顺时针转体180°，右脚顺势移动呈右弓步姿势，左手收于体侧，右手向下格挡。右脚支撑身体，左脚上踢，双手收于体侧。

5

6

7

⊙ 步骤

⑤ 左脚落地并后撤呈三七步，同时右手中位格挡。向左转体90°，左脚向左前方迈步呈左弓步，右手手刀格挡。

⑥ 保持身体重心稳定，左脚支撑身体，右脚高位横踢，同时双手收至胸前。然后右腿屈膝下放。

⑦ 右脚落于身体前侧，向左转体90°，左脚向左前方迈步呈左弓步，右手收于体侧，左手高位格挡。双腿位置保持不变，左臂收回，右手呈中位直拳。

8

9

10

11

◎ 步骤

⑧ 保持身体稳定，左脚支撑身体，右脚上踢，双手收于体侧。右脚落于身体前侧呈右弓步，同时左手呈中位直拳。

⑨ 以左脚为中心逆时针转体180°，右脚顺势迈步呈右弓步，左手收于体侧，同时右手高位格挡。

⑩ 双腿姿势不变，右臂收于体侧，左手呈中位直拳。

⑪ 保持身体稳定，右腿支撑身体，左腿上踢，双手收于体侧。左脚下落于身体前侧呈左弓步，右手呈中位直拳。

12

13

14

◉ 步骤

⑫ 以右脚为中心身体逆时针旋转90°，双脚呈平行姿势站立，双臂交叉于胸前，之后由胸前缓慢下放，打开至身体两侧呈低位开放格挡。

⑬ 保持身体重心稳定，右脚向前迈步呈右弓步，同时右手握拳于胸前格挡，左手呈手刀向下格挡。双腿姿势保持不变，右手收于腰际，左手呈手刀向上格挡。

⑭ 右腿伸直撑地，左脚高位横踢。左脚落于身体前侧，之后以左脚为中心逆时针转体270°，右脚随之迈步，呈右弓步姿势，同时右臂伸直向下格挡。右手收于腰侧，右腿伸直，右脚撑地，左腿伸直上踢。

◎ 步骤

⑮ 左脚前踢收回落于身体后侧，呈三七步，右手中位格挡。

⑯ 以右脚为中心，身体向逆时针方向旋转180°，左脚随之呈左弓步，右手收至腰侧，左手向下格挡。双手收至腰侧，左腿支撑身体，右脚上踢。

⑰ 右脚落于身体后侧，呈三七步，左手中位格挡。

⑱ 以左脚为中心，身体逆时针旋转90°，右脚在后呈三七步，双手呈手刀格挡。左脚后移，双脚交换位置呈三七步，双手仍保持双手刀格挡。

⊙ 步骤

⑲ 右脚后移，呈左弓步，右手变拳收至腰侧，左手中位格挡。双腿姿势保持不变，左手收于腰侧，右手中位直拳。

⑳ 左脚后移呈右弓步，右手由拳变掌进行中位格挡。

㉑ 双腿姿势保持不变，右手变拳收回体侧，左手中位直拳。左脚收回，双腿伸直呈直立姿势，还原至预备姿势。

119

3.2.7 太极七章

太极七章与八卦中的"艮"卦有着相同的意义。"艮"意为山，象征着厚重，因此该章中的动作，以力量较大的动作为主。

1

2

3

◎ 步骤

① 身体呈直立预备姿势，两脚分开，间距与肩同宽，双手握拳位于体前，拳心向内，目视前方。

② 身体左转90°，左脚向左移步呈虎足步，右手呈手刀中位格挡。左脚踩地支撑身体，右腿向上踢，右掌变拳，双拳收回至腰侧。

③ 右脚落地，之后呈虎足步，左手中位格挡。左脚撑地向右侧转体180°，呈虎足步，左手由拳变掌进行中位格挡。双手收于腰侧，右脚撑地，左脚前踢。

4

5

6

7

⊙ 步骤

④ 左脚下落，呈虎足步，右手中位格挡。

⑤ 以右脚为中心向左转体90°，左脚随之迈步，重心靠后，呈三七步，双手呈手刀向下格挡。右脚向前一步，呈三七步，双手呈手刀向下格挡。

⑥ 继续向左转体90°，左脚随之迈步呈虎足步，右掌向内格挡，左手握拳于右肘下方位置。

⑦ 双腿姿势保持不变，右手变掌为背拳进攻。

◎ 步骤

⑧ 以左脚为中心，身体顺时针旋转 180°，右脚随之迈步呈虎足步，左手变掌向内格挡。

⑨ 双腿姿势保持不变，身体微微扭转，左手呈背拳攻击。

⑩ 以左脚为中心，身体逆时针转体 90°，双脚并拢，左手于颈前变掌抱右拳。左脚向前迈步呈左弓步，左拳位于右侧腰间，右拳位于左肩前侧。

⑪ 左拳中位格挡，右拳向下格挡。双拳交换位置，右拳中位格挡，左拳向下格挡。

12

▶

13

▶

14

◉ 步骤

⑫ 右脚向前迈步呈右弓步，右拳位于左侧腰间，左拳位于右肩前侧。

⑬ 右拳中位格挡，左拳向下格挡。双拳交换位置，左拳中位格挡，右拳向下格挡。

⑭ 以右脚为中心逆时针转体270°，左脚随之迈步，呈左弓步姿势，双臂前伸呈中位开放格挡。双腿姿势不变，双手由拳变掌，双臂伸直，微微上抬，掌心向下。

⊙ 步骤

⑮ 双手变拳，双臂下拉，同时向上顶出右膝。右脚落地前，向前跳跃呈交叉步，双手呈上勾拳姿势。

⑯ 左脚后移，呈右弓步。身体前倾，双臂交叉向下格挡。

⑰ 以左脚为中心，身体顺时针旋转180°，同时右脚向前迈步呈右弓步，双手握拳前伸呈开放格挡。

⑱ 双腿姿势不变，双手由拳变掌，掌心向下。双臂伸直微微上抬。双手变拳，双臂下拉，左膝上顶。

19

20

其他角度

21

其他角度

◎ 步骤

⑲ 左脚落地前，向前跳跃呈交叉步，双手呈上勾拳。左脚保持位置不变，右脚后移，呈左弓步，身体前倾，双臂交叉向下格挡。

⑳ 以右脚为轴逆时针转体90°，左脚随之转动，呈左行走步，右拳收于腰侧，左手背拳攻击。

㉑ 左脚支撑身体，右脚向内摆踢，左手呈手刀向前伸出，与右脚相触。右脚落地后呈马步姿势，双臂屈肘抱于胸前位置。

22

其他角度

23

其他角度

24

◎ 步骤

㉒ 向右转体90°，右脚向前呈右行走步姿势，左手收于腰侧，右臂伸直向前呈背拳攻击。右脚支撑身体，左脚向内摆踢，右手呈手刀向前伸出，与左脚相触。左脚落地后呈马步姿势，双臂屈肘抱于胸前位置。

㉓ 双脚保持姿势不变，右手收于腰侧，左手呈手刀中位格挡。右脚向前上步呈马步姿势，左手握拳收于体侧，同时右手直拳向前攻击。

㉔ 转体回正，双腿直立，还原至预备姿势。

3.2.8 太极八章

太极八章与八卦中"坤"的含义一样。"坤"有大地的意思，所有生物均依赖大地进行生长，因此该章是初学者课程中的最后一章，也是晋级段位制的初始阶段。在这一阶段，练习者已经有了一定的技术水平，因此没有很多的重复动作，而是以多种变化动作为主。

◉ 步骤

① 身体呈直立预备姿势，两脚分开，间距与肩同宽，双手握拳位于体前，拳心向内，目视前方。

② 左脚向前迈步呈三七步，双手握拳呈中位格挡。左脚向前滑步呈左弓步，左手收于腰侧，右手呈中位直拳。

③ 左腿支撑身体，右腿屈膝中位前踢。右脚未落地前，左脚蹬地跳起，同时在空中呈高位前踢。

◎ 步骤

④ 双脚落地后呈左弓步，右拳收于腰侧，左手中位格挡。双腿姿势保持不变，右手中位直拳向前出击。

⑤ 左手中位直拳向前出击。右脚向前迈步，呈右弓步，左手收回腰侧，右手呈中位直拳。

⑥ 以右脚为中心逆时针转体180°，左脚随之迈步呈右弓步姿势，右手高位格挡，左手向下格挡。

⑦ 双脚位置不变，向左转体，呈左弓步。左臂缓慢内拉，右手向前伸出呈中位格挡。

8

9

10

11

◎ 步骤

⑧ 左脚向右脚前方迈步呈前交叉步。右脚向右迈步，呈左弓步，同时左手高位格挡，右手向下格挡。

⑨ 双脚位置不变，向右转体，呈右弓步。右手上抬，左手收回体侧。

⑩ 右手缓慢内拉，左手向前伸出呈中位格挡。

⑪ 以左脚为中心逆时针转体270°，右脚随之移动，呈三七步，双手呈手刀格挡。左脚向前滑步呈左弓步，左手收于体侧，右手呈中位直拳。

12

13

14

15

⊙ 步骤

⑫ 重心前移，左脚支撑身体，右脚上踢。右脚落于原处，左脚后移呈虎足步，右手呈中位格挡。

⑬ 身体向逆时针方向转体90°，左脚移步呈虎足步，双手呈手刀格挡。

⑭ 右脚支撑身体，左脚上踢。

⑮ 左脚落于身体前侧呈左弓步，左手收于腰侧，右手呈中位直拳。左脚稍向右脚靠拢，呈虎足步，右手收于腰侧，左手呈手刀格挡。

16

17

18

19

其他角度

◎ 步骤

⑯ 身体向右转体180°，右脚移动呈虎足步，双手呈手刀格挡。左腿支撑身体，右脚上踢。

⑰ 右脚落于身体前侧呈右弓步，右手收于腰侧，左手呈中位直拳。

⑱ 右脚稍向左脚靠拢，呈虎足步，左手收于腰侧，右手呈手刀格挡。

⑲ 身体顺时针旋转90°，右脚向前进步呈三七步，左手于胸前呈防御姿势，右手握拳向下格挡。

20

其他角度

21

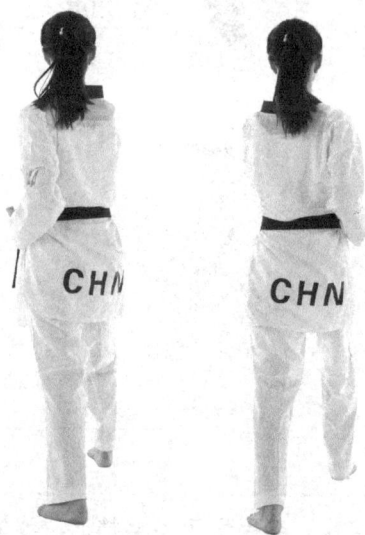

其他角度

◎ 步骤

㉑ 右脚支撑身体，左脚高位前踢。左脚落地前，右脚蹬地跳起，高位前踢。

㉑ 右脚落地后呈右弓步姿势，左手收于体侧，右手呈中位格挡。双脚姿势不变，右手收于腰侧，左手呈中位直拳。

22

其他角度

23

24

⊙ 步骤

㉒ 双腿姿势保持不变，左手收于腰侧，右手向前呈中位直拳。

㉓ 以右脚为中心，身体向左侧转体270°，同时移动左脚，呈三七步，右手收于体侧，左手呈手刀中位格挡。

㉔ 左脚向前一步，呈左弓步，左臂收于体侧，右臂屈肘向前攻击。双腿姿势保持不变，右手变背拳向前攻击。

25

26

27

28

⊙ 步骤

㉕ 双脚保持不动，右手收于腰侧，左手呈中位直拳。

㉖ 身体右转180°呈三七步，左手收于腰侧，右手呈手刀中位格挡。右脚稍向前移，呈右弓步，右臂收于体侧，左臂屈肘向前攻击。

㉗ 双脚姿势不变，左手变背拳向前攻击。左手收于腰侧，右手呈中位直拳。

㉘ 动作完成，双脚移动还原至预备姿势。

第 ④ 章

跆拳道的竞赛规则

- 有效得分部位
- 犯规行为

4.1 有效得分部位

在跆拳道比赛中，如果想要得分，就需要使用允许的技术，对有效得分部位进行准确且有力的击打。其中，"准确"要求运动员使用允许的攻击技术完全或最大限度地接触对手允许被攻击的目标范围；"有力"指的是由边裁判员对击打力度进行判定，以及由电子感应器（位于电子感应护具中）测量击打力度。

有效得分部位：头部锁骨以上的部位，只允许使用脚的技术攻击。

有效得分部位：躯干护胸上覆盖蓝色或红色的部分，允许使用拳和脚的技术攻击。

正视图　　　　　　　　　　　　　　　侧视图

4.2 犯规行为

　　犯规行为指的是由赛场上的主裁判员进行判罚的在比赛过程中出现的犯规行为。禁止犯规主要是为了更好地保护运动员的安全，鼓励他们使用适当的技巧来确保公平比赛。

双脚出边界线

　　运动员在比赛中如果双脚超出边界线的垂直平面被认定为出界，裁判员将向犯规的运动员发出警告。

　　如果是因为对手使用犯规的技术动作而导致运动员出界的，那么就不属于出界，裁判员有权对犯规的运动员进行处罚。如果两名运动员一前一后双双出界，那么第 1 个出界的人犯规，应该给予警告。

搂抱

搂抱是指运动员的身体被对手用手臂抱住，或者是运动员的肩膀被对手用手臂按压。

用手抓住对手的道服、护具及身体的任何部位，或用手臂将对手的脚或腿钩住，都属于犯规行为。

注意，双手不要搂抱对手的身体

推拉

推拉是指用手部、肘部、肩部等位置，将对手推开或拉近，使其身体不平衡，从而促进自身的攻击。推拉对手以阻碍其正常使用技术动作是一种犯规行为，裁判员将给予警告处罚。

肘、膝顶击

肘、膝顶击指的是在近身时用肘部或膝部故意攻击对手。不过，以下两种情况不属于处罚范围：一、当使用允许的攻击技术时，对手突然快速接近；二、因近距离攻击没能控制好造成肘部或膝部攻击对手而不是故意的。

在比赛过程中，一方运动员故意用肘部和膝部攻击另一方运动员的面部和腿部，这些都属于犯规行为

攻击腰部以下

攻击腰部以下通常是指以阻碍对手使用正常的技术动作为目的，故意踢击或踏蹬其腰部以下部位。

使用攻击力强的踢击动作攻击对手腰部以下的任何部位，都应被给予警告

故意击打对手面部

故意击打对手面部是指对手的面部受到手、手臂、肘部等的攻击。

在跆拳道比赛中，一方运动员故意使用拳头击打对手的面部，这是一种犯规行为

提膝阻碍

提膝阻碍指的是在近身对战时故意用膝部阻碍对手。当使用允许的进攻动作时，由于对手突然接近，并且不是故意或因为进攻距离不合适所导致的提膝阻碍，不在处罚的范围内。

注意，不要抬起膝盖阻碍对手的攻击。在比赛过程中，一方运动员提膝阻碍另一方运动员，造成犯规

一方运动员的膝盖抬到了腰部，这种行为故意阻碍了对手的攻击，应该给予警告

抓住对手进攻的脚

在跆拳道比赛过程中，突然抓住对手进攻的脚很容易造成其摔倒，导致受伤，应被判罚扣分。

在比赛过程中，一方运动员用手抓住另一方运动员进攻的脚，应被判罚扣分

倒地

在比赛中，如果运动员倒地，裁判员应立刻给予警告处罚。但如果倒地是由于对手的犯规动作所造成的，那么不应该给予判罚，而应判罚对手。

在比赛过程中，另一方运动员只是伸手，而没有触碰到一方运动员

一方运动员假装由于对手的伸手动作而倒地，这种行为属于犯规

伪装受伤

伪装受伤是指受到对手的攻击后，假装身体某部位受到严重伤害或夸大受伤程度。遇到这种情况，裁判员应对在比赛中缺乏公平对战精神的运动员给予判罚。

在双方比赛期间，另一方运动员踢击了一方运动员的左臂

一方运动员假装左臂受到了伤害，伪装受伤的行为属于犯规

转身逃避进攻

转身逃避对手的进攻有可能会使对手受伤，甚至会发生严重的伤害事故，并且还违背了公平竞赛的比赛原则。

一方运动员转身逃避另一方运动员的攻击，此项属于犯规行为，将被给予警告判罚

故意回避比赛

如果运动员不打算进攻并故意回避比赛，裁判员将向被动或不断撤退的运动员发出警告。

如果两名运动员都逃避比赛，裁判员将向两名运动员一起发出警告。根据运动员犯规的严重程度，裁判员可以保留对违规运动员判处失败的权利。

攻击已倒地的运动员

攻击已倒地的运动员是很危险的行为，因为倒地的运动员处在没有防备的状态下，很有可能会导致其受伤。

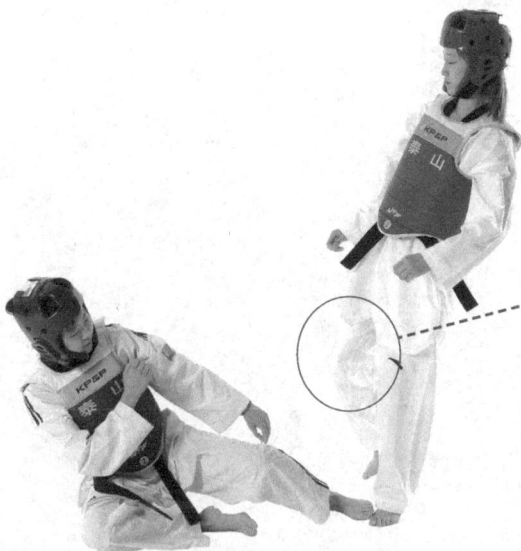

在比赛过程中，另一方运动员已经坐倒在地，一方运动员还伸腿试图再次攻击

一方运动员用右脚攻击已经倒地的另一方运动员属于犯规行为，容易造成其受伤